中国共产党党内法规体系

（2021 年 7 月）

中共中央办公厅法规局

人民出版社

目　　录

1

前　言

　　2021年7月1日,习近平总书记在庆祝中国共产党成立100周年大会上宣布,我们党已经"形成比较完善的党内法规体系"。这一制度建设重大成果来之不易,是我们党100年来持续推进建章立制特别是党的十八大以来全面深化党的建设制度改革的结果;这一党的建设重要成就彪炳史册,是党的建设史特别是党内法规制度建设史上的一个重要里程碑,标志着党内法规制度建设由此迈入高质量发展新阶段,全面从严治党、依规治党站在新的历史起点上;这一基础性制度支撑事关根本,为保证全党团结统一、行动一致,为党统揽"四个伟大"提供了坚强有力制度保障,对于党以史为鉴、开创未来,团结带领全国人民实现中华民族伟大复兴具有重要意义。

党内法规具有强烈政治属性、鲜明价值导向、科学治理逻辑、统一规范功能,高度凝结党的理论创新和实践经验,是党的中央组织,中央纪律检查委员会以及党中央工作机关和省、自治区、直辖市党委制定的体现党的统一意志、规范党的领导和党的建设活动、依靠党的纪律保证实施的专门规章制度。截至 2021 年 7 月 1 日,全党现行有效党内法规共 3615 部。其中,党中央制定的中央党内法规 211 部,中央纪律检查委员会以及党中央工作机关制定的部委党内法规 163 部,省、自治区、直辖市党委制定的地方党内法规 3241 部。党内法规使用党章、准则、条例、规定、办法、规则、细则7 类名称,现行有效党内法规中,党章 1 部,准则 3部,条例 43 部,规定 850 部,办法 2034 部,规则 75部,细则 609 部。

治国必先治党,治党务必从严,从严必依法度。这个"法度",主要就是以党内法规为脊梁的党的制度。我们党形成了一个比较完善的党内法规体系,并以此为主干形成了一套系统完备的党的制度,这在世界上是独一无二的,彰显出中国共产党作为世界上最大的政党具有的大党的气派、大党的智慧、大党的治理之道。坚持依规治党、加强党内法规制度建设,是"中国之治"的一个独特治理密码,是呈现中国特色社会主义制度优势的一张金色名片,也为世界政党治理贡献了中国智慧和中国方案。

一、党内法规体系的
发展历程

　　党内法规因党而生、因党而立、因党而兴。自中国共产党诞生以来，党内法规制度建设紧紧围绕政治大局推进，始终与党的奋斗历程相伴相随，与党的建设和党的事业同向同行。在这一历史进程中，党内法规制定从无到有、从少到多，由点到面、由面到体，逐步提出体系化要求，适时作出体系化安排，日益呈现体系化特征，不断接近体系化目标，经过 100 年的持续努力，终于形成比较完善的党内法规体系。

（一）新民主主义革命时期党内法规制定的奠基初创

从 1921 年党成立到 1949 年建立新中国，党领导人民进行了长期艰苦卓绝的革命斗争。党根据革命斗争的需要，在党内法规制度建设方面进行了不懈探索。

建党伊始，1921 年 7 月，党的一大通过中国共产党第一个纲领，这是党的历史上第一部党内法规，具有党章性质；1922 年 7 月，党的二大通过中国共产党章程，我们党自此有了自己的根本大法。1938 年 10 月，毛泽东同志在扩大的党的六届六中全会的报告中指出，"为使党内关系走上正轨，除了上述四项最重要的纪律外，还须制定一种较详细的党内法规，以统一各级领导机关的行动"，在党的历史上首次明确提出"党内法规"概念。1945 年 4 月至 6 月召开的党的七大，将毛泽东思想确立为党的指导思想并写入党章，这部党章是第一部党完全独立自主制定的党章,是党成熟的重要标志。

这一时期制定的党内法规制度主要有:中国共产党中央执行委员会组织法、中央巡视条例、关于中央委员会工作规则与纪律的决定、关于各级党部工作规则与纪律的决定、关于各级党委暂行组织机构的决定、关于增强党性的决定、关于统一抗日根据地党的领导及调整各组织间关系的决定、关于在军队中组织党委会的指示、关于建立报告制度、关于健全党委制等。

新民主主义革命时期,我们党从理论认识上提出了"党内法规"概念,并在实践中探索制定了一批党内法规,确立了党的民主集中制原则,初步形成了党的组织制度、领导制度、工作制度、党内生活制度等,对于建设一个具有明确政治纲领、严密组织体系、严明纪律规矩的无产阶级政党,夺取新民主主义革命胜利,发挥了重要作用。

（二）社会主义革命和建设时期党内法规制定的曲折发展

1949 年中华人民共和国成立,我们党成为在全国范围执掌政权的党。从 1949 年到 1978 年,党领导人民在巩固新生政权的基础上,对社会主义革命和建设道路进行了艰辛探索,同时开始全面探索在全国执政条件下进行党内法规制度建设的路子。

1956 年 9 月,党的八大通过修改后的党章,根据执政党特点提出全面开展社会主义建设的任务,并对贯彻民主集中制原则作出许多新规定,这是党在全国执政后制定的第一部党章。

这一时期制定的党内法规制度主要有:关于在中央人民政府内组织中国共产党党委会的决定、关于在中央人民政府内建立中国共产党党组的决定、关于加强中央人民政府系统各部门向中央请示报告制度及加强中央对于政府工作领导的决定（草案）、关于成立中央及各级党的纪律检查委员会的决定、关于加强理论教育的决定（草案）、关于发展和巩固党的组织的指示、关于加强干部管理工作的决定、关于增强党的团结的决议等。"文化大革命"发生后，党内法规制度建设遭受严重挫折，党的九大党章、十大党章严重倒退，党内法规制定工作陷入停顿。

社会主义革命和建设时期，我们党适应全国执政条件下的形势任务要求推进党内法规制度建设，积极探索制定一批党的领导和党的建设制度，为新的历史条件下加强党内法规制度建设积累了正反两方面的重要经验。

（三）改革开放和社会主义现代化建设新时期党内法规制定的恢复前进

1978 年 12 月，党的十一届三中全会作出把党和国家的工作中心转移到社会主义现代化建设上来和实行改革开放的历史性决策，实现了新中国成立以来党的历史上具有深远意义的伟大转折。进入新时期,党的领导人始终强调加强党内法规制度建设的重要性。邓小平同志指出:"领导制度、组织制度问题更带有根本性、全局性、稳定性和长期性。"江泽民同志指出:"各级党组织和每个党员都要严格按照党的章程和党内法规行事,严格遵守党的纪律。"胡锦涛同志指出:"必须坚持用制度管权管事管人,健全民主集中制,不断推进党的建设制度化、规范化、程序化。"

这一时期,党章得到及时修改完善。1982 年9 月,党的十二大修改形成了呈现新时期特征的党章,具有拨乱反正的重大意义。此后,党的十五大、十六大、十八大分别将邓小平理论、"三个代表"重要思想、科学发展观确立为党的指导思想并写入党章。

党的十一届三中全会至党的十三届四中全会期间制定的党内法规制度主要有:关于党内政治生活的若干准则、关于高级干部生活待遇的若干规定、关于建立老干部退休制度的决定、关于任免国家机关领导人员必须严格依照法律程序办理的通知、关于严格按照党的原则选拔任用干部的通知、关于严禁党政机关和党政干部经商办企业的决定等。

党的十三届四中全会至党的十六大期间制定的党内法规主要有：中国共产党党员领导干部廉洁从政若干准则（试行）、中国共产党基层组织选举工作暂行条例、中国共产党地方组织选举工作条例、中国共产党地方委员会工作条例（试行）、党政领导干部选拔任用工作条例、中国共产党党员权利保障条例（试行）、中国共产党纪律处分条例（试行）、中国共产党党内法规制定程序暂行条例等。

党的十六大至党的十八大期间制定修订的党内法规主要有：中国共产党全国代表大会和地方各级代表大会代表任期制暂行条例、中国共产党党内监督条例（试行）、中国共产党巡视工作条例（试行）、中国共产党党校工作条例、中国人民解放军政治工作条例、中国共产党党内法规制定条例等。

改革开放和社会主义现代化建设新时期，我们党总结历史经验教训，强化党内法规在党的建设中的重要地位和作用，以健全民主集中制为重点加大党内法规制度建设力度，推动党内法规制定工作逐步进入制度化规范化程序化轨道，为党开创、坚持、捍卫、发展中国特色社会主义提供了重要制度保障。

（四）中国特色社会主义新时代党内法规制定的全面加强

党的十八大以来，以习近平同志为核心的党中央着眼统筹推进"五位一体"总体布局和协调推进"四个全面"战略布局，针对加强新时代党内法规制度建设作出一系列重大决策部署，党内法规制定力度之大、出台数量之多、制度权威之高、治理效能之好都前所未有，党的制度建设取得历史性成就。

2017 年 10 月，党的十九大将习近平新时代中国特色社会主义思想确立为党的指导思想并写入党章，为新时代党和国家事业发展提供了科学行动指南。

党的十八大以来制定修订的党内法规主要有：关于新形势下党内政治生活的若干准则、中国共产党廉洁自律准则、中国共产党中央委员会工作条例、十八届中央政治局关于改进工作作风密切联系群众的八项规定、中共中央政治局关于加强和维护党中央集中统一领导的若干规定、中国共产党地方委员会工作条例、中国共产党党组工作条例、中国共产党工作机关条例（试行）、中国共产党支部工作条例（试行）、中国共产党组织工作条例、中国共产党宣传工作条例、中国共产党统一战线工作条例、中国共产党政法工作条例、中国共产党机构编制工作条例、中国共产党领导国家安全工作条例、中国共产党重大事项请示报告条例、中国共产党党内监督条例、中国共产党巡视工作条例、中国共产党问责条例、中国共产党纪律处分条例、中国共产党军队党的建设条例、军队政治工作条例、中国共产党党徽党旗条例等。

进入新时代，我们党从事关党长期执政和国家长治久安的战略高度坚持依规治党、加强党内法规制度建设，制定出台一大批重要党内法规，为坚持和加强党的全面领导，坚持党要管党、全面从严治党，提供了坚强制度保障。

二、党内法规体系的加快建成

　　党内法规体系建设是一个久久为功、持续推进的历史过程，是在党内法规达到相当数量基础上对其提出的集成集约结构性要求。党的十八大后，党内法规体系进入加速形成阶段，这既是长期以来党内法规制度建设逐步推进的结果，也是适应新形势新任务要求对新时代党内法规制度建设作出的新部署。党的十八大以来，以习近平同志为核心的党中央统揽"四个伟大"，立足党和国家事业发展全局，明确提出到建党 100 周年时形成比较完善的党内法规体系，并有针对性地作出一系列理论指导和决策部署，确保这一目标任务如期完成。

（一）加大制度建设理论指导力度

党内法规制度建设始终是在党的指导思想指引下进行的,党的指导思想的丰富和完善必然会有力推动党内法规制度建设。党的十八大以来,党内法规制度建设之所以能够取得大发展、大进步,党内法规体系化进程之所以能够加快推进、全面推进,根本在于党的基本理论的重大创新发展,在于有习近平新时代中国特色社会主义思想的科学指导。习近平新时代中国特色社会主义思想作为党和国家必须长期坚持的指导思想,系统回答了新时代坚持和发展什么样的中国特色社会主义、怎样坚持和发展中国特色社会主义这个重大时代课题,是指引新时代党和国家事业发展的科学行动指南,为加强新时代党内法规制度建设指明了前进方向、提供了根本遵循。

与此同时,习近平总书记鲜明提出坚持依规治党,专门针对加强党内法规制度建设作出一系列重要论述。强调加强党内法规制度建设是全面从严治党的长远之策、根本之策；要坚持正确政治方向制定和实施党内法规，增强"四个意识"、坚定"四个自信"、做到"两个维护"；要坚持以党章为根本依据建章立制，尊崇党章、遵守党章、贯彻党章、维护党章；要坚持贯彻民主集中制原则制定党内法规，把充分发扬党内民主和维护党的集中统一有机结合起来；要坚持服务党和国家工作大局健全制度，为党的事业发展和全面从严治党提供制度保障；要坚持系统推进，做到有规可依、有规必依、执规必严、违规必究；要坚持依法治国和依规治党有机统一，既依据宪法法律治国理政，又依据党内法规管党治党。这些重要论述和指示要求在党内法规制度建设实践中发挥了重要指导作用，得到了坚决贯彻落实。

（二）加大体系构建顶层设计力度

事在四方，要在中央。党中央从全局和战略

高度擘画党内法规制度建设蓝图,加强统筹谋划、搞好整体布局,锚定目标、按计划分阶段推进党内法规体系建设。

2013 年 11 月,党中央印发中央党内法规制定工作五年规划纲要(2013—2017 年),明确提出力争经过 5 年努力,基本形成涵盖党的建设和党的工作主要领域、适应管党治党需要的党内法规体系框架,为到建党 100 周年时全面建成内容科学、程序严密、配套完备、运行有效的党内法规体系打下坚实基础。

2014 年 10 月,党的十八届四中全会将"形成完善的党内法规体系"纳入全面推进依法治国总目标,作为建设中国特色社会主义法治体系、建设社会主义法治国家的必然要求。

2016 年 12 月,党中央召开党的历史上第一次全国党内法规工作会议,并专门印发关于加强党内法规制度建设的意见,明确提出到建党 100 周年时形成比较完善的党内法规体系,确定了党内法规体系的基本框架,为新形势下加强党内法规制定工作、构建党内法规体系提供了行动纲领。

2017年10月,党的十九大强调要坚持依法治国和依规治党有机统一,思想建党和制度治党同向发力,以党的政治建设为统领全面推进党的各项建设,把制度建设贯穿其中,加快形成覆盖党的领导和党的建设各方面的党内法规体系。

2018年2月,党中央印发中央党内法规制定工作第二个五年规划(2018—2022年),紧紧围绕到建党100周年时形成比较完善的党内法规体系这一目标任务,对党内法规制定工作进行谋划设计,进一步明确党内法规体系建设的任务书、时间表、路线图。

2019年10月,党的十九届四中全会部署健全总揽全局、协调各方的党的领导制度体系,对加快形成完善的党内法规体系作出新的部署安排。

(三) 加大制度缺项短板补齐力度

适应新形势新任务要求,党中央以及各地区

各部门加快党内法规制定步伐,全方位、立体式推进党内法规体系建设。

统筹推进各位阶党内法规制定工作。党中央针对全党重大问题,出台147部实践亟需、务实管用的中央党内法规,占现行有效中央党内法规70%,填补大量制度空白,引领带动党内法规体系建设加速推进。中央纪律检查委员会以及党中央工作机关立足履行本领域党的工作职责,出台100部部委党内法规,占现行有效部委党内法规61%,为加强党的各方面工作提供重要遵循。省、自治区、直辖市党委立足本地区实际,出台2184部地方党内法规,占现行有效地方党内法规67%,推动党中央决策部署在本地区落实落地。

统筹推进各类型党内法规制定工作。党中央将制定准则、条例作为建设党内法规体系的主体工程,着眼规范党的领导和党的建设各方面重要关系、重要工作,出台42部准则、条例,占现行有效准则、条例91%,加快健全党内法规体系的"四梁八柱"。中央纪律检查委员会以及党中央工作机关和省、自治区、直辖市党委有针对性地制定和完善配套党内法规，为党的各方面具体工作提供规范和保障，进一步为党内法规体系"添砖加瓦"。

统筹推进各领域党内法规制定工作。党中央，中央纪律检查委员会以及党中央工作机关和省、自治区、直辖市党委，注重党内法规体系各板块的衔接呼应、互联互动，出台党的组织法规94部、党的领导法规554部、党的自身建设法规866部、党的监督保障法规916部，推动各领域党内法规制度保障整体推进、协调发展。

（四）加大制度协调统一维护力度

党中央注重发挥备案审查和清理在推动形成党内法规体系中的重要作用，保证党内法规体系的协调统一。

强化党内法规和规范性文件备案审查。建立健全从中央到省市县的备案审查工作体系，形成党委、人大常委会、政府、军队系统备案审查衔接联动机制,按照有件必备、有备必审、有错必纠原则,从政治性、合法合规性、合理性、规范性等方面全面深入开展备案审查工作,有力维护党内法规和党的政策的统一性严肃性。党的十八大以来,共审查地方和部门向党中央报备的党内法规和规范性文件3.2万余件、发现和处理"问题文件"1400余件,备案审查的政治功效和监督作用日益彰显。

健全党内法规和规范性文件清理机制。综合运用即时清理、集中清理、专项清理等多种方式,有效解决党内法规制度中存在的不适应、不协调、不衔接、不一致问题。2012—2014年、2018—2019年,在全党范围内先后开展两次党内法规和规范性文件集中清理,对新中国成立以来出台的党内法规和规范性文件进行全面清理,在中央层面决定废止、宣布失效和修改865件,实现了党内法规制度的"瘦身"和"健身",维护了党内法规体系的协调统一。

（五）加大制定体制机制保障力度

党中央坚持和加强对党内法规制度建设的集中统一领导，完善党内法规制定体制机制，确保党内法规制度建设上下贯通、一体推进。

健全党内法规审议程序，重要中央党内法规一般由中央政治局会议、中央政治局常委会会议审议通过，必要时由中央全会审议通过。按照党中央要求，中央书记处研究讨论重要中央党内法规草案，每年听取中央办公厅所作的党内法规工作情况报告，对党内法规工作中的重要事项作出部署安排。建立中央党内法规工作联席会议制度，构建统一高效的跨部门会商协作机制，协调解决党内法规制定工作中的重要问题。各地区各部门认真履行党内法规制度建设主体责任，建立健全制定工作体制机制，加强对党内法规立改废释工作的组织领导。

经过长期努力特别是党的十八大以来的加速

推进,一个比较完善的党内法规体系在建党100周年之际已经形成。在这个由3615部党内法规共同构成的党内法规体系中,党章居于统领地位,覆盖党的领导和党的建设各方面的基础主干党内法规基本上应有尽有,各板块的党内法规比较齐全,各领域各层级的配套党内法规比较完备,党内法规体系内部总体做到了内容科学、协调统一,我们党管党治党、执政治国全面实现了有规可依、有章可循。

三、党内法规体系的框架构成

党内法规体系,是以党章为根本,以民主集中制为核心,以准则、条例等中央党内法规为主干,以部委党内法规、地方党内法规为重要组成部分,由各领域各层级党内法规组成的有机统一整体。按照"规范主体、规范行为、规范监督"相统筹相协调的原则,党内法规体系以"1+4"为基本框架,即在党章之下分为党的组织法规、党的领导法规、党的自身建设法规、党的监督保障法规四大板块。

(一) 党章

党章是立党治党管党的总章程,对党的性质

和宗旨、路线和纲领、指导思想和奋斗目标、组织原则和组织机构、党员义务和权利以及党的纪律等作出根本规定,全面阐明党的政治立场、政治目标、政治路线、政治方针,集中反映党重大的理论创新、实践创新、制度创新成果,是党和人民实践经验和集体智慧的结晶,是党的统一意志最集中体现,是统一全党思想和行动、引领全党前进的"一面公开树立起来的旗帜"。

党章是党的根本大法,是全党必须遵守的总规矩,是全党最基本、最重要、最全面的行为规范,是坚持党的全面领导、加强党的自身建设的根本依据,是党管党治党、执政治国的根本遵循。

党章是最根本的党内法规。党的一切制度是从党章开始的,党章是所有党内法规的源头,是制定一切党内法规的基础和依据。

党章由党的全国代表大会制定和修改,代表党的最高意志,在党内法规体系中位阶最高,具有最高效力和最高权威,任何党内法规以及任何党的制度都不得同党章相抵触。

（二） 党的组织法规

党的组织法规,是调整党的各级各类组织产生、组成、职权职责等的党内法规,为党管党治党、执政治国提供组织制度保障。截至 2021 年 7 月 1 日,现行有效党的组织法规共 153 部,其中,中央党内法规 15 部,部委党内法规 1 部,地方党内法规 137 部。

党的组织体系方面的法规。中国共产党中央委员会工作条例,对党中央的领导地位、领导体制、领导职权、领导方式、决策部署、自身建设等作出规定,为保证党中央对党和国家事业的集中统一领导提供基本遵循。中国共产党地方委员会工作条例等,明确规定地方党委全面领导本地区经济社会发展、全面负责本地区党的建设,充分发挥地方党委把方向、管大局、作决策、保落实的重要作用。中国共产党党和国家机关基层组织工作条例、中国共产党国有企业基层组织工作条例(试

26

行)、中国共产党普通高等学校基层组织工作条例、中国共产党农村基层组织工作条例、中国共产党支部工作条例(试行)等,树立大抓基层的鲜明导向,明确把党的基层组织建设成为宣传党的主张、贯彻党的决定、领导基层治理、团结动员群众、推动改革发展的坚强战斗堡垒。中国共产党党组工作条例等,对党组的设立、职责、运行等作出规定,推动充分发挥党组把方向、管大局、保落实的领导作用。中国共产党工作机关条例(试行),规范党的工作机关的设立和运行,推动其提高履职能力和工作水平,当好党委的参谋助手。

党内选举方面的法规。中国共产党地方组织选举工作条例、中国共产党基层组织选举工作条例等,注重发扬党内民主,加强党的地方组织和基层组织建设,健全维护党的集中统一的组织制度。中国共产党全国代表大会和地方各级代表大会代表任期制规定,完善党代表大会制度,推动党代表大会代表履行代表职责、发挥代表作用。

党的组织工作方面的法规。中国共产党组织

工作条例等,贯彻新时代党的组织路线,坚持和加强党对组织工作的全面领导,推动提高党的组织工作质量。

党的象征标志方面的法规。中国共产党党徽党旗条例等,规范党徽党旗制作使用管理,发挥党徽党旗政治功能,激励全党不忘初心、牢记使命、永远奋斗。

(三) 党的领导法规

党的领导法规,是规范和保障党对各方面工作实施领导,明确党与人大、政府、政协、监察机关、审判机关、检察机关、武装力量、人民团体、企事业单位、基层群众性自治组织、社会组织等领导与被领导关系的党内法规,为党发挥总揽全局、协调各方领导核心作用提供制度保障。截至2021年7月1日,现行有效党的领导法规共772部,其中,中央党内法规44部,部委党内法规29部,地方党内法规699部。

党领导经济建设方面的法规。党中央领导经济工作规定,加强党中央对经济工作的集中统一领导,保证党中央经济决策部署有效贯彻落实。中国共产党农村工作条例等,坚持和加强党对"三农"工作的全面领导,全面推进乡村振兴。

党领导政治建设方面的法规。中国共产党统一战线工作条例、社会主义学院工作条例等,加强党对统一战线工作的集中统一领导,巩固和发展最广泛的爱国统一战线。中国共产党政法工作条例以及保护司法人员依法履行法定职责规定、党政主要负责人履行推进法治建设第一责任人职责规定、法治政府建设与责任落实督察工作规定等,完善党领导立法、保证执法、支持司法、带头守法的体制机制,把党的领导落实到依法治国全过程各方面。中国共产党机构编制工作条例以及"三定"规定制定和实施办法、机构编制监督检查工作办法等,加强党对机构编制工作的集中统一领导,推进党和国家机构职能优化协同高效。

党领导文化建设方面的法规。中国共产党宣

传工作条例等,对加强党对宣传工作的全面领导等作出明确规定,为党和国家事业发展提供有力思想保证和强大精神力量。党委(党组)意识形态工作责任制实施办法、党委(党组)网络意识形态工作责任制实施细则等,严格意识形态工作责任制,维护意识形态安全和文化安全。

党领导社会建设方面的法规。中国共产党领导国家安全工作条例等,坚持党对国家安全工作的绝对领导,深入贯彻总体国家安全观,推进国家安全体系和能力现代化。地方党政领导干部食品安全责任制规定、地方党政领导干部安全生产责任制规定、健全落实社会治安综合治理领导责任制规定等,加快推进社会治理现代化,把党的领导优势更好转化为社会治理效能。

党领导生态文明建设方面的法规。中央生态环境保护督察工作规定、领导干部自然资源资产离任审计规定(试行)、党政领导干部生态环境损害责任追究办法(试行)等,压实生态文明建设和生态环境保护政治责任,推动建设美丽中国。

党领导国防和军队建设方面的法规。中国共产党军队党的建设条例、军队政治工作条例等,坚持党对军队的绝对领导,全面深入贯彻军委主席负责制,为实现党在新时代的强军目标提供有力保证。

(四) 党的自身建设法规

党的自身建设法规,是调整党的政治建设、思想建设、组织建设、作风建设、纪律建设等的党内法规,为提高党的建设质量、永葆党的先进性和纯洁性提供制度保障。截至 2021 年 7 月 1 日,现行有效党的自身建设法规共 1319 部,其中,中央党内法规 74 部,部委党内法规 76 部,地方党内法规 1169 部。

党的政治建设方面的法规。关于党内政治生活的若干准则、关于新形势下党内政治生活的若干准则,坚定维护党中央权威和集中统一领导,全面加强和规范党内政治生活,努力造成又有集中又有民主，又有纪律又有自由，又有统一意志又有个人心情舒畅生动活泼的政治局面。中共中央政治局关于加强和维护党中央集中统一领导的若干规定，强调中央政治局同志必须带头严格遵守党章和党内政治生活准则，自觉在党中央集中统一领导下履行职责、开展工作。中国共产党重大事项请示报告条例，建立健全重大事项请示报告体制机制和方式方法，严格向党中央请示报告制度，确保政令畅通、令行禁止。各地区各部门制定出台贯彻"两个维护"的相关制度，推动广大党员干部坚定自觉做到"两个维护"。

党的思想建设方面的法规。中国共产党党校（行政学院）工作条例，加强马克思主义基本理论研究和党的思想理论建设，充分发挥党校（行政学院）干部培训、思想引领、理论建设、决策咨询的作用。中国共产党党委（党组）理论学习中心组学习规则等，推动理论武装工作深入开展，加强领导班子思想政治建设。

党的组织建设方面的法规。党政领导干部选

拔任用工作条例、干部教育培训工作条例、干部人事档案工作条例以及推进领导干部能上能下若干规定（试行）、干部双重管理工作规定（试行）、党政领导干部职务任期暂行规定、党政领导干部交流工作规定、党政领导干部任职回避暂行规定、党政领导干部辞职暂行规定、关于地方党委向地方国家机关推荐领导干部的若干规定、县以上党和国家机关党员领导干部民主生活会若干规定等，建立健全干部选育管用的全链条机制，推动建设忠诚干净担当的高素质专业化干部队伍。中央企业领导人员管理规定、中管金融企业领导人员管理暂行规定、事业单位领导人员管理暂行规定等，加强国有企事业单位干部队伍建设。中国共产党党员教育管理工作条例以及中国共产党发展党员工作细则等，指导建设信念坚定、政治可靠、结构合理、素质优良、纪律严明、作用突出的党员队伍。公务员职务与职级并行规定、专业技术类公务员管理规定（试行）、行政执法类公务员管理规定（试行）、聘任制公务员管理规定（试行）等，从不同方面完善中国特色公务员制度。

党的作风建设方面的法规。十八届中央政治局关于改进工作作风密切联系群众的八项规定及其实施细则，坚持以上率下，深入整治形式主义、官僚主义、享乐主义和奢靡之风，为党和国家事业开创新局面提供坚强政治和作风保证。党政机关厉行节约反对浪费条例以及党政机关国内公务接待管理规定、党政机关办公用房管理办法、党政机关公务用车管理办法、节庆活动管理办法（试行）等，弘扬艰苦奋斗、勤俭节约的优良作风。评比达标表彰活动管理办法、全国性文艺新闻出版评奖管理办法等，坚决纠正评比达标表彰过多过滥问题。关于严禁在历史建筑公园等公共资源中设立私人会所的暂行规定等，严厉整治人民群众反映强烈的不正之风。

党的纪律建设方面的法规。中国共产党廉洁自律准则，重申党的理想信念宗旨、优良传统作风，展现共产党人高尚道德追求。关于进一步制止党政机关和党政干部经商办企业的规定、国有企业领导人员廉洁从业若干规定、农村基层干部廉洁履行职责若干规定（试行）等，强化重点领域、关键环节廉洁纪律要求。

此外，党委（党组）落实全面从严治党主体责任规定、关于实行党风廉政建设责任制的规定等，以责任制强化和落实管党治党政治责任，推动全面从严治党向纵深发展。

（五）党的监督保障法规

党的监督保障法规，是调整党的监督、激励、惩戒、保障等的党内法规，为保证党组织和党员干部履行好党和人民赋予的职责提供制度保障。截至 2021 年 7 月 1 日，现行有效党的监督保障法规共 1370 部，其中，中央党内法规 77 部，部委党内法规 57 部，地方党内法规 1236 部。

监督方面的法规。中国共产党党内监督条例等，把强化党内监督作为党的建设的重要基础性工程，全面落实党内监督责任，着力使监督的制度优势充分释放出来。中国共产党巡视工作条例等，深化政治巡视，充分发挥巡视监督的利剑作用。中国共产党纪律检查机关监督执纪工作规则、纪检监察机关处理检举控告工作规则等，保证纪检机关依规依纪履行监督执纪职责。关于党员领导干部述职述廉的暂行规定、关于对党员领导干部进行诫勉谈话和函询的暂行办法、领导干部报告个人有关事项规定、党政主要领导干部和国有企事业单位主要领导人员经济责任审计规定等，明确加强对"关键少数"的监督，确保领导干部尽职尽责、廉洁从政。党政领导干部考核工作条例以及高质量发展综合绩效评价办法（试行）等，完善考核评价机制，树立讲担当、重担当、改革创新、干事创业的鲜明导向。

奖惩方面的法规。中国共产党党内功勋荣誉表彰条例、国家功勋荣誉表彰条例等，充分发挥功勋荣誉表彰的精神引领、典型示范作用，推动全社会形成见贤思齐、崇尚英雄、争做先锋的良好氛围。中国共产党党内关怀帮扶办法等，坚持严管和厚爱结合、激励和约束并重,增强广大党员荣誉感、归属感、使命感。中国共产党问责条例以及关于实行党政领导干部问责的暂行规定等,推动失责必问、问责必严成为常态,督促各级党组织和领导干部负责守责尽责,保证党的路线方针政策和党中央重大决策部署贯彻落实。中国共产党纪律处分条例等,严肃党的纪律,纯洁党的组织,努力使铁的纪律真正转化为党员干部的自觉遵循。中国共产党组织处理规定(试行),完善干部管理监督制度,促进组织处理与纪律处分、法律责任追究有机衔接。干部选拔任用工作监督检查和责任追究办法、领导干部干预司法活动插手具体案件处理的记录通报和责任追究规定等,强化相关纪律约束和责任追究。

保障方面的法规。中国共产党党员权利保障条例、中国共产党党务公开条例(试行)等,发扬党内民主,保障党员权利,增强党的生机活力。中国共产党党内法规制定条例以及中国共产党党内法规和规范性文件备案审查规定、中国共产党党

内法规执行责任制规定（试行）、中国共产党党内
法规解释工作规定、中央文件制定工作规定等，将
党内法规制度建设和中央文件制定工作纳入制度
化规范化轨道。党政机关公文处理工作条例、机
关档案工作条例、电子文件管理暂行办法等，推动
提升机关运行服务保障水平。

四、党内法规体系的守正创新

党内法规制度建设只有进行时、没有完成时。随着新时代党的建设和党的事业昂首阔步前进，党内法规制度建设必须与时俱进、改革创新。站在新的历史起点上，要深刻总结运用长期以来特别是党的十八大以来加强党内法规制度建设的宝贵经验，适应新形势新任务要求，把牢政治方向、遵循客观规律、深化制度改革，使党内法规体系更加完善、党内法规制度更有活力，为党团结带领人民实现中华民族伟大复兴的中国梦提供更加坚强有力的制度保障。

（一）紧紧围绕贯彻党的指导思想不断完善党内法规体系

党的指导思想是推进党和国家各项工作的强大思想武器和科学行动指南。我们党历来坚持用党的指导思想指导党内法规制度建设，通过党内法规贯彻党的指导思想，把思想建党和制度治党紧密结合起来，做到思想建党每前进一步，制度治党就跟进一步，制度治党每推进一步，思想建党就深化一步。党的历史上对党章的修改完善，最重要的一个方面就是，把毛泽东思想、邓小平理论、"三个代表"重要思想、科学发展观、习近平新时代中国特色社会主义思想这些马克思主义中国化最新成果及时体现到党章中，转化为全党遵循的制度规范，使之更好发挥凝聚全党共识、指引全党前进方向的旗帜作用。各个历史时期制定修订党内法规，也都无一例外地以党的指导思想为指导，将党的指导思想要求转化为制度规定，并通过制度实施来保障和实现党的指导思想对党和国家各项工作的有力指导。

在新的历史起点上完善党内法规体系,必须坚持以习近平新时代中国特色社会主义思想为指导,将这一重要思想对党和国家事业发展的各项要求转化为制度规定、确立为制度遵循,以制度来保证党和国家全部工作始终在习近平新时代中国特色社会主义思想指引下,沿着正确政治方向前进。

(二) 紧紧围绕坚持党的全面领导不断完善党内法规体系

办好中国的事情,关键在党。党在不同历史时期,都重视通过党内法规巩固党的领导核心地位,维护党中央权威和集中统一领导,保证全党在重大问题上的统一行动,保证人民群众自觉接受、有效贯彻落实党的路线方针政策。新民主主义革命时期,党的七大党章系统总结民主革命曲折发展的历史经验,鲜明提出"中国共产党在革命斗争中,必须努力使自己成为一切革命的群众组织及革命的国家组织之中坚",明确指出"中国共产党是按民主的集中制组织起来的","四个服从"作为民主集中制的基本要求,最根本的是全党服从中央。新中国成立后,党对全国执政条件下建立健全党的领导体制机制进行了许多探索,党的七届四中全会通过关于增强党的团结的决议,强调"党的团结的唯一中心是党的中央"。改革开放后,党的十一届五中全会通过的关于党内政治生活的若干准则对维护党的集中统一作出明确规定,党的十二大党章开宗明义指出中国共产党"是中国社会主义事业的领导核心"。党的十八大以来,党中央旗帜鲜明坚持和加强党的全面领导,改革和完善坚持党的领导的体制机制,制定修订一系列党内法规,从制度上保证党中央集中统一领导更加坚强有力,推动"两个维护"深入党心军心民心,把党的全面领导落实到治国理政的方方面面、落实到各级各类组织的活动之中。

在新的历史起点上完善党内法规体系,必须深刻把握党的领导的历史逻辑、现实逻辑、实践逻辑,毫不动摇坚持和加强党对一切工作的领导,完善坚定维护党中央权威和集中统一领导的各项制度,健全党的全面领导制度,不断提高党科学执政、民主执政、依法执政水平,确保党始终成为中国特色社会主义事业的坚强领导核心。

(三) 紧紧围绕保持党同人民群众血肉联系不断完善党内法规体系

我们党根基在人民、血脉在人民、力量在人民,历来注重加强作风制度建设,保证党始终与人民心连心、同呼吸、共命运。革命战争年代,"三大纪律八项注意"把不拿群众一针一线、不侵害群众利益作为铁的纪律,使党和军队与人民群众建立了鱼水之情,成为革命胜利的力量源泉。党的七大首次将为人民服务的根本宗旨写进党章,规定"中国共产党人必须具有全心全意为中国人民服务的精神，必须与工人群众、农民群众及其他革命人民建立广泛的联系"。新中国成立后，党始终把密切党群关系作为执政的重大问题，党的八大党章强调"中国共产党已经是执政的党，因此特别应当注意谦虚谨慎，戒骄戒躁，并且用极大的努力在每一个党组织中，在每一个国家机关和经济组织中，同脱离群众、脱离实际生活的官僚主义现象进行斗争"。进入改革开放新时期，党的十三届六中全会通过关于加强党同人民群众联系的决定，强调"人民群众是我们党的力量源泉和胜利之本，能否始终保持和发展同人民群众的血肉联系，直接关系到党和国家的盛衰兴亡"。党的十八大闭幕不久，党中央出台关于改进工作作风密切联系群众的八项规定，推动党风政风焕然一新，党的十九大党章强调"党在自己的工作中实行群众路线，一切为了群众，一切依靠群众，从群众中来，到群众中去，把党的正确主张变为群众的自觉行动"。

在新的历史起点上完善党内法规体系，必须

始终坚持全心全意为人民服务的根本宗旨,站稳人民立场,贯彻党的群众路线,尊重人民首创精神,践行以人民为中心的发展思想,通过完善制度着力防范脱离群众的危险,不断密切党同人民群众的血肉联系,确保党始终同人民想在一起、干在一起,实现好、维护好、发展好最广大人民根本利益。

(四) 紧紧围绕全面从严治党向纵深发展不断完善党内法规体系

党要管党、从严治党,是党的建设的一贯要求和根本方针,党和人民事业发展到什么阶段,全面从严治党就要跟进到什么阶段。加强党内法规制度建设,是我们党推进党的建设的一条重要历史经验。全国革命胜利前夕,党的七届二中全会严肃提出拒腐防变问题,作出禁止给党的领导者祝寿,禁止用党的领导者的名字作地名、街名和企业的名字,以及不送礼、少敬酒、少拍掌等规定,这些规定后来都作为党内法规下达给各级党组织。新中国成立后,党中央连续制定一系列防止腐蚀的纪律规定,告诫全党同志警惕骄傲自满和糖衣炮弹攻击,对党内各种不良现象展开斗争。进入改革开放新时期,我们党根据改革开放和发展社会主义市场经济新条件,出台一系列反腐倡廉党内法规,大力推进党风廉政建设和反腐败斗争。党的十八大以来,面对"四大考验"日益严峻复杂、"四种危险"更加尖锐凸显的内外形势,党中央以前所未有的勇气和定力推进全面从严治党,管党治党制度笼子越扎越牢,极大增强党自我净化、自我完善、自我革新、自我提高能力。

在新的历史起点上完善党内法规体系,必须深入贯彻党中央坚定不移全面从严治党的决策部署,坚持标本兼治,更加注重制度的治本作用,更多用制度治党、管权、治吏,紧跟管党治党新形势新任务新要求,进一步创新和完善管党治党制度规定,确保党不变质、不变色、不变味,永葆党的先进性和纯洁性。

（五）紧紧围绕服务党和国家工作大局不断完善党内法规体系

坚持服从和服务党和国家工作大局，是推进党内法规制度建设必须牢牢把握的一条重要原则。在党的百年历程中，党内法规制度建设始终从党的事业所处的历史方位和发展阶段出发，科学确定自己的目标任务，为实现党在各个历史时期的奋斗目标和政治任务提供有力制度保障。革命战争时期，党内法规制度为党领导革命胜利提供了坚强保证。新中国成立后，党内法规制度有力捍卫了党领导进行社会主义革命和建设的胜利成果。改革开放以来，党内法规制度建设坚持从改革开放和社会主义现代化建设伟大实践的要求出发，有力保证了党的正确路线方针政策的贯彻实施。进入新时代，党内法规制度建设更是紧紧围绕统筹推进"五位一体"总体布局和协调推进"四个全面"战略布局，紧紧围绕全面建成小康社会的奋斗目标来加强和推进。

在新的历史起点上完善党内法规体系，必须紧紧围绕实现中华民族伟大复兴这一时代主题，全面贯彻党的基本理论、基本路线、基本方略，自觉放到党和国家工作全局中来谋划和推进，切实做到党和国家中心工作在哪里，党内法规制度建设就推进到哪里，经济和社会高质量发展需要什么，党内法规制度建设就重点保障什么，更好发挥党内法规制度建设对于党和国家事业发展的引领和保障作用。

（六）紧紧围绕坚持和完善中国特色社会主义制度、推进国家治理体系和治理能力现代化不断完善党内法规体系

中国特色社会主义制度和国家治理体系是党领导人民在长期实践探索中形成的科学制度体系。新民主主义革命时期，我们党团结带领人民在根据地创建人民政权，为新中国建立人民当家

作主的新型国家制度积累了宝贵经验。夺取全国政权后，我们党团结带领人民确立了人民当家作主的国家制度，建立起社会主义基本制度，为当代中国一切发展进步奠定了根本政治前提和制度基础。改革开放后，我们党鲜明提出建设有中国特色的社会主义，确立中国特色社会主义制度，不断完善国家治理，为改革开放和社会主义现代化建设提供了坚实制度保障。党的十八大以来，我们党坚持和加强党的全面领导，推动中国特色社会主义制度更加完善、国家治理体系和治理能力现代化水平明显提高，为党和国家事业发展提供了更加完善的制度保证。中国共产党是最高政治领导力量，这就决定了党的领导制度在国家治理体系中居于统领地位，是最重要最根本的制度。中国共产党成立以来100年的历史、中华人民共和国成立以来70多年的历史、改革开放以来40多年的历史都充分证明，没有党的领导制度的建立健全，就不可能有社会主义基本制度的确立，不可能有中国特色社会主义制度的坚持和完善,也不可能有国家治理体系和国家治理能力的现代化。

在新的历史起点上完善党内法规体系,必须始终着眼党在坚持和完善中国特色社会主义制度、推进国家治理体系和治理能力现代化中总揽全局、协调各方的根本要求,在坚持和完善党的领导制度体系方面下更大功夫,把党的领导体现到国家治理的各领域各方面各环节,有效转化为国家制度优势和国家治理效能,使中国特色社会主义制度焕发出更加强大的生机活力。

(七) 紧紧围绕推进中国特色社会主义法治建设不断完善党内法规体系

法治是人类文明进步的重要标志,也是我们党的不懈追求。新中国成立后,我们党积极运用新民主主义革命时期根据地法制建设的成功经验,抓紧建设社会主义法治,初步奠定了社会主义法治的基础,但之后也走过一段弯路,付出了沉重代价。正反两方面经验使我们党深刻认识到，"国要有国法,党要有党规党法","没有党规党法,国法就很难保障"。进入改革开放新时期,我们党不断加强和改进对法治建设的领导,把依法治国确立为党领导人民治理国家的基本方略,把依法执政确立为党治国理政的基本方式,更加注重把党的各项工作纳入党内法规制度轨道,推动社会主义法治建设取得重大成就。党的十八大以来,党中央从关系党和国家前途命运、长治久安的战略全局高度定位法治、布局法治、推进法治、厉行法治,创造性地提出坚持依法治国和依规治党有机统一,推动我国社会主义法治建设取得历史性成就、发生历史性变革。

在新的历史起点上完善党内法规体系,必须深入贯彻习近平法治思想,把形成完善的党内法规体系作为建设中国特色社会主义法治体系、建设社会主义法治国家的必然要求,充分发挥依法治国和依规治党的互补性作用,正确把握党内法规和国家法律的关系,注重党内法规同国家法律的衔接和协调,努力形成党内法规和国家法律相辅相成、相互促进、相互保障的格局,以更加完善的法治保证党履行好执政兴国的重大历史使命。

结　束　语

奋斗创造历史。中国共产党从 100 年前建党时只有 50 多名党员，到今天已经成为拥有 9500 多万名党员、领导着 14 亿多人口大国、具有重大全球影响力的世界第一大执政党。形成比较完善的党内法规体系，是中国共产党为什么能的一条重要经验，是马克思主义为什么行、中国特色社会主义为什么好的一个重要表现，是我们坚定道路自信、理论自信、制度自信、文化自信的一个重要依据。

使命昭示未来。中国共产党立志于中华民族千秋伟业，现在已经团结带领中国人民踏上了实现第二个百年奋斗目标新的赶考之路。在以习近平同志为核心的党中央坚强领导下，在习近平新时代中国特色社会主义思想的科学指引下，党内法规制度建设必将乘风破浪、勇往直前，为"中国号"巨轮驶向中华民族伟大复兴的光辉彼岸保驾护航！

附录

开辟新时代依规治党新境界

——党的十八大以来党内法规制度建设成就综述[*]

"经国序民,正其制度。"党的十八大以来,以习近平同志为核心的党中央高度重视制度治党、依规治党,把加强党内法规制度建设作为全面从严治党的长远之策、根本之策,作为事关党长期执政、国家长治久安的重大战略任务,摆在突出位置部署推进,取得历史性成就,形成比较完善的党内法规体系目标胜利在望,广大党员干部尊规学规守规用规意识明显增强,党内法规制度优势较好

---

[*] 《人民日报》(2021年6月17日)

转化为党管党治党、治国理政的治理效能。党内法规,成为"中国之治"的一个独特治理密码,成为呈现中国特色社会主义制度优势的一张金色名片。

党中央科学部署党内法规制度建设

"要坚持以实践基础上的理论创新推动制度创新,坚持和完善现有制度,从实际出发,及时制定一些新的制度,构建系统完备、科学规范、运行有效的制度体系,使各方面制度更加成熟更加定型。"2012 年 11 月,习近平总书记在十八届中央政治局第一次集体学习时,就明确提出了制度建设的目标任务。制度带有根本性、全局性、稳定性、长期性,坚持和加强党的全面领导,坚持党要管党、从严治党,党内法规制度建设是重要抓手。

党的十八大以来,习近平总书记对党内法规制度建设高度重视,围绕制度治党、依规治党作出一系列重要论述,科学回答了党内法规制度建设

"是什么"、"为什么"、"怎么干"等一系列重大问题,丰富和发展了马克思主义建党学说。这些重要论述是习近平新时代中国特色社会主义思想的重要组成部分,为加强新时代党内法规制度建设指明了前进方向、提供了根本遵循,引领党内法规制度建设全方位推进。

2013年11月,党的十八届三中全会提出,紧紧围绕提高科学执政、民主执政、依法执政水平深化党的建设制度改革。

2014年10月,党的十八届四中全会把形成完善的党内法规体系作为建设中国特色社会主义法治体系、建设社会主义法治国家的必然要求,对加强党内法规制度建设作出明确部署。

2015年10月,党的十八届五中全会强调,运用法治思维和法治方式推动发展,全面提高党依据宪法法律治国理政、依据党内法规管党治党的能力和水平。

2016年12月,召开党的历史上第一次全国党内法规工作会议,深入贯彻落实党中央决策部署和习近平总书记关于党内法规制度建设重要指示精神。

2017年10月，党的十九大明确提出，坚持依法治国和依规治党有机统一，加快形成覆盖党的领导和党的建设各方面的党内法规体系。

2019年10月，党的十九届四中全会强调，健全总揽全局、协调各方的党的领导制度体系，加快形成完善的党内法规体系。

2020年11月，中央全面依法治国工作会议强调，坚持党对全面依法治国的领导，健全党领导全面依法治国的制度和工作机制，建设中国特色社会主义法治体系，形成完善的党内法规体系。

党的十八大以来一系列关于加强党内法规制度建设的决策部署，立足实际、着眼长远，环环相扣、梯次推进，推进力度之大、建章立制之多、执规执纪之严、社会反响之好，在中国共产党百年制度建设史上前所未有，彰显了党中央对加强党内法规制度建设的高度重视，对党的建设规律的深刻洞见，对全面推进制度治党、依规治党的坚定决心,谱写了新时代党内法规制度建设的大美乐章。

加快构建比较完善的党内法规体系

"以改革创新精神加快补齐党建方面的法规制度短板,力争到建党 100 周年时形成比较完善的党内法规制度体系。"2016 年 12 月,全国党内法规工作会议召开前夕,习近平总书记的重要指示明确了党内法规制度建设的努力目标。

治国必先治党,治党务必从严,从严必依法度。坚持制度治党、依规治党,必须解决有规可依问题,形成一个完善的党内法规体系。党的十八大以来,党中央统筹推进各领域党内法规制定工作,着力形成以党章为根本、以准则条例为主干,覆盖党的领导和党的建设各方面,内容科学、程序严密、配套完备、运行有效的党内法规体系。

加强顶层设计和统筹规划。2013 年 11 月,党中央发布中央党内法规制定工作五年规划纲要(2013—2017 年),这在我们党的历史上是第一次。2016 年 12 月,出台中共中央关于加强党内法规制度建设的意见,确定了党内法规体系"1+4"基本框架,这就是在党章之下分为党的组织法规、党的领导法规、党的自身建设法规、党的监督保障法规四大板块。2018 年 2 月,党中央发布中央党内法规制定工作第二个五年规划(2018—2022 年),进一步明确了形成比较完善的党内法规体系的任务书、路线图、时间表。

密集出台党内法规制度。党中央针对全党重大问题,及时制定修订 146 部实践亟需、务实管用的中央党内法规,占现行有效中央党内法规总数的 69.5%,实现党的领导和党的建设各方面党内法规制度的全覆盖。按照党中央部署,中央纪委、党中央有关部门和各省区市党委大力推进本领域本地区建章立制工作,有针对性出台配套党内法规。截至 2021 年 5 月,中央党内法规共 210 部,部委党内法规共 162 部,地方党内法规共 3210 部。各地区各部门普遍反映,党的十八大以来党内法规出台力度空前,有规可依问题基本解决。

维护党内法规制度统一性权威性。2012—2014年、2018—2019年,在全党范围内先后进行两次党内法规和规范性文件集中清理,决定废止、宣布失效和修改865件中央法规文件,实现党内法规制度"瘦身"和"健身"。备案审查工作体系不断健全,工作全面开展,截至2021年4月,各地区各部门向党中央报备党内法规和规范性文件3.2万余件、发现和处理"问题文件"近1400件,维护了党内法规和党的政策协调统一,推动了全党上下步调一致向前进。

狠抓党内法规制度贯彻执行

"一分部署还要九分落实,制定制度很重要,更重要的是抓落实,九分气力要花在这上面。"习近平总书记反复强调制度建设要"两手抓",尤其要抓好制度落实。党的十八大以来,党中央坚持把党内法规制度执行摆在更加突出位置,深入开展党内法规学习宣传教育,坚决纠正有令不行、有禁不止行为,党内法规执行真正严起来硬起来实起来。

以上率下、示范带动引领。"子率以正,孰敢不正。"全面从严治党首先从中央政治局立规矩开始、从制定落实中央八项规定破题、从中央领导同志做起,产生了强大号召力。习近平总书记以行动作号令、以身教作榜样,无论是国内考察调研还是国外访问、出席国际会议活动,都一以贯之严格执行中央八项规定等各项制度规定,为全党树立了典范、作出了表率。

学规知规、强化制度意识。2016年,党中央在全党部署开展"两学一做"学习教育,把学习党章党规作为重要内容。2019年,在全党开展"不忘初心、牢记使命"主题教育,把学习对照重要党内法规作为重点内容,组织党员领导干部认真学习党章党规并进行对照检视。各级党校(行政学院)、干部学院把重要党内法规作为干部教育培训必修课,"学习强国"、"两微一端"等新媒体新平台积极创新党内法规传播方式,基层创造出"讲习夜话"、"板凳圈"、"大喇叭"等群众喜闻乐见的宣传阐释方式,推动党内法规"飞入寻常百姓家"。

强化责任、健全体制机制。以出台和贯彻执行中国共产党党内法规执行责任制规定(试行)为牵引,扭住责任制这个"牛鼻子",形成党委(党组)统一领导、办公厅(室)统筹协调、主管部门牵头负责、相关单位协助配合、纪检机关严格监督的执规责任体系。各地区各有关部门建立健全制度执行机制,把制度执行贯穿区域治理、部门治理、行业治理、基层治理、单位治理全过程。

严格执纪、严肃追责问责。各级党委(党组)将党内法规执行情况作为督促检查、巡视巡察重要内容,对党内法规执行中存在的问题开展专项整治,严肃查处各种违规行为,党内法规制度真正成为带电的"高压线"。有的干部深有感触地说:"现在党规党纪是'真老虎',谁碰就会咬谁。"

切实提升党内法规治理效能

"健全各方面制度,完善治理体系,促进制度建设和治理效能更好转化融合,善于运用制度优势应对风险挑战冲击。"提升制度效能、发挥制度优势,是习近平总书记高度重视的问题。

党的十八大以来,党中央坚持将依规治党作为党依法执政的必然要求,把形成完善的党内法规体系纳入全面推进依法治国总目标,党内法规作用充分发挥,党内法规治理效能日益凸显。

坚持和加强党的全面领导。将坚持和完善党的领导制度体系摆在党内法规制度建设突出位置,制定出台中国共产党中央委员会工作条例、中共中央政治局关于加强和维护党中央集中统一领导的若干规定、中国共产党重大事项请示报告条例等,强化"两个维护"制度保障。完善加强党对各方面工作领导的党内法规,制定出台中国共产党组织工作条例、中国共产党宣传工作条例、中国共产党统一战线工作条例、中国共产党政法工作条例等。这一系列基础主干党内法规的推出,在制度层面把党总揽全局、协调各方特别是"两个维护"落到实处,为坚持和加强党的领导提供了有力保障,极大地提升了党的政治领导力、思想引领力、群众组织力、社会号召力,有力扭转了党的领导淡化弱化虚化倾向。

提振党员干部精气神。坚持严的主基调,制定修订关于干部选拔任用、教育管理、考核、问责、处理处分等一系列党内法规,加强全方位监督管理,健全正向激励机制,党员干部工作积极性充分激发,精神面貌发生很大转变,干事创业责任心明显增强,依法依规办事逐渐成为一种习惯。有的基层党组织通过加强党章党规学习教育,普及党规知识、树立党规权威、强化党规意识,大大提高了基层治理水平。

改进党风政风民风。从中央八项规定到党政机关厉行节约反对浪费条例,再到经费管理、国内差旅、因公出国(境)、公务用车、会议活动、办公用房等方面的50多个配套制度规定,形成了加强作风建设、反对"四风"的法规制度体系。各地区各部门结合实际深入贯彻落实,着力破解群众反映强烈的诸多顽瘴痼疾,党风政风焕然一新,带动社会风气明显好转。一位少数民族老干部谈到："共产党好，民族团结好，归根结底是中国特色社会主义理论体系、制度体系好。干部开开心心工作，群众开开心心生活，这些都说明党内法规在我们这里生根开花结果了。"

推动党和国家各项事业发展。党内法规是党执政治国的重要工具。党中央相继出台领导经济工作规定、生态环境损害责任追究办法、脱贫攻坚责任制实施办法、高质量发展综合绩效评价办法等党内法规制度，为党领导经济社会发展提供了重要制度保障。有的地方紧紧围绕经济社会发展稳定大局，以贯彻落实党内法规制度为抓手，促脱贫攻坚、促乡村振兴、促民营企业发展，带动了工作效能提升，推动了经济社会发展。

强化党内法规制度建设保障力度

党内法规制度建设事业越是发展，保障力度越需加大。党的十八大以来，党中央坚持把建立健全组织保障机制,作为推动党内法规事业发展的基础性工作抓紧抓实。

工作机制进一步完善。2015年8月,中央层面首次建立了党内法规工作联席会议机制。各省区市也普遍建立联席会议机制,统筹推进党内法规制度建设各项工作。各省区市和中央部门普遍设立党内法规工作机构,市县两级党委均有专门机构或力量承担党内法规工作,工作机构逐步健全。党委、人大常委会、政府、军队间备案审查衔接联动机制不断健全,增强了备案审查工作的联动性。

理论研究氛围日趋浓厚。全国范围已有27个省区市设立党内法规研究机构或学术团体,现有党内法规研究会、研究中心等82个,理论研究队伍不断壮大。近4年国家社科基金项目课题指南中列入党内法规研究课题共计84个,形成了一批理论研究成果。党的十八大以来,"中国知网"收录的以党内法规为主题的论文文章将近7000篇,党内法规研究逐渐成为"显学"。

人才队伍培养紧紧跟进。突出政治标准，加强党内法规专门工作队伍建设，在中央党校（国家行政学院）和3所干部学院先后举办5期全国党内法规制度建设专题培训班，各地也举办形式多样的学习培训。中国法学会、中央办公厅法规局联合组织编写并出版列入"马工程"项目的《党内法规学》统编教材。全国10所高校设立了党内法规研究方向、开展研究生教育，有的高校在本科阶段开设党内法规专业课程，党内法规人才培养迈出坚实步伐。

新时代党内法规制度建设的经验启示

党的十八大以来，党中央推进党内法规制度建设的成功实践，积累了宝贵经验，为今后更好坚持依规治党、从严治党，激励全党为实现党的历史使命而不懈奋斗提供了重要启示。

坚持党的创新理论指导。习近平新时代中国特色社会主义思想是指导和贯穿党内法规制度建设的一条"红线"。习近平总书记关于党和国家相关工作的重要指示批示,如关于狠刹"舌尖上的浪费"重要批示等,直接推动党政机关厉行节约反对浪费条例等党内法规的制定出台;习近平总书记关于制度治党、依规治党的重要论述,如"于法周延、于事简便"、"确保每项法规制度都立得住、行得通、管得了"等,成为制定修订中国共产党党内法规制定条例等党内法规的基本遵循。实践启示我们,推进党内法规制度建设,必须坚持以习近平新时代中国特色社会主义思想为指导,把习近平总书记关于制度治党、依规治党的深邃思想贯彻落实到党内法规制度建设的生动实践中去。

坚持党中央集中统一领导。党中央加强对党内法规制度建设的集中统一领导,重要中央党内法规草案由中央政治局常委会会议、中央政治局会议、中央全会审议批准;中央书记处加强对党内法规制度建设的研究谋划、统筹协调。各地区各部门践行"两个维护"要求,将党中央决策部署贯彻落实到党内法规工作中,确保党内法规制度建设在正确轨道上前进。实践启示我们,推进党内法规制度建设,必须旗帜鲜明讲政治,始终坚持党中央集中统一领导,不断提高政治判断力、政治领悟力、政治执行力,把夯实"两个维护"的法规制度保障作为首要政治任务。

坚持服务党和国家工作大局。党内法规制度建设紧紧围绕统筹推进"五位一体"总体布局和协调推进"四个全面"战略布局,坚持从新时代党管党治党、治国理政实际出发,推动党的领导得到全面加强,全面从严治党取得重大成果,党的执政能力和领导水平显著提高。实践启示我们,推进党内法规制度建设,必须围绕中心、服务大局,着力解决党管党治党、治国理政中存在的深层次矛盾和问题,确保党始终走在时代前列,始终成为中国特色社会主义事业的坚强领导核心。

坚持制定实施两手并重。党中央坚持把制度规范体系凸显出来,既"立梁架柱"又"添砖加瓦",守正创新补齐制度短板,出台一大批标志性、关键性、引领性党内法规,全方位推动形成比较完善的党内法规体系。与此同时,党中央坚持把党内法规制度执行凸显出来,健全责任体系、强化刚性约束,充分发挥领导干部"关键少数"作用,推动广大党员干部把党规党纪刻印在心,党内法规制度的严肃性和权威性明显增强。实践启示我们,推进党内法规制度建设,必须坚持一手抓制定、一手抓执行,既紧贴时代需求科学民主制定有效管用的法规制度,又以钉钉子精神抓执行,真正让"铁规"发力、禁令生威。

坚持依法治国和依规治党有机统一。党中央坚持依法治国和制度治党、依规治党统筹推进、一体建设,注重党内法规同国家法律的衔接协调,坚持宪法修改和党章修改相协调,推进党的领导入法入规,实现党管党治党和治国理政相贯通。实践启示我们,推进党内法规制度建设,必须深入贯彻习近平法治思想,努力形成国家法律和党内法规相辅相成、相互促进、相互保障的格局,确保党既依据宪法法律治国理政,又依据党内法规管党治党、从严治党。

"凡是过往,皆为序章。"站在新的历史起点上,我们要坚持以习近平新时代中国特色社会主义思想为指导,紧紧围绕党和国家事业发展需要,推动党内法规制度建设高质量发展,提升党的领导和党的建设制度化规范化科学化水平,为全面建设社会主义现代化国家、实现第二个百年奋斗目标提供有力制度保障。

图书在版编目(CIP)数据

中国共产党党内法规体系/中共中央办公厅法规局 著. —北京：
人民出版社,2021.8

ISBN 978 - 7 - 01 - 023663 - 6

Ⅰ.①中⋯ Ⅱ.①中⋯ Ⅲ.①中国共产党-党的纪律-法规
Ⅳ.①D262.6

中国版本图书馆 CIP 数据核字(2021)第 156455 号

中国共产党党内法规体系

ZHONGGUO GONGCHANDANG DANGNEI FAGUI TIXI

(2021 年 7 月)

中共中央办公厅法规局

人民出版社 出版发行

(100706　北京市东城区隆福寺街 99 号)

北京新华印刷有限公司印刷　新华书店经销

2021 年 8 月第 1 版　2021 年 8 月北京第 1 次印刷
开本:880 毫米×1230 毫米 1/32　印张:2.5

字数:28 千字

ISBN 978 - 7 - 01 - 023663 - 6　定价:8.00 元

邮购地址　100706　北京市东城区隆福寺街 99 号
人民东方图书销售中心　电话　(010)65250042　65289539